CATECHISME

DE LA

RÉPUBLIQUE

PAR

CHARLES MATHIEU.

Prix : 25 centimes.

PARIS,
IMPRIMERIE HENRI ET CHARLES NOBLET,
Rue Gît-le-Cœur, 8.

1849.

CATÉCHISME

DE LA

RÉPUBLIQUE.

~~~~~~~~~

CHAPITRE PREMIER.

LA GÉNÉRATION DES PEUPLES.

Qu'est-ce que la République?

La République est la loi universelle qui met tous les peuples égaux.

Pourquoi les peuples ne sont-ils pas égaux?

Les peuples ne sont pas égaux parce que nos premiers pères ont mal enseigné le droit d'existence.

Qu'entend-t-on par le droit d'existence?

J'entends par le droit d'existence : l'égalité devant les lois, comme l'égalité sous le soleil.
~~~~~~~~~

Les peuples peuvent-ils être égaux?

Oui, les peuples peuvent être égaux par l'enseignement des principes de civilisation.

Pourquoi les principes de civilisation ne sont-ils pas enseignés?

Les principes de civilisation ne sont pas enseignés, parce que les grandes lumières n'ont pas encore éclairé les peuples.

Qu'entend-t-on par l'éclaircissement des grandes lumières?

J'entends par l'éclaircissement des grandes lumières, les hommes destinés par la nature pour enseigner de nouvelles maximes au peuple qui est privé du don de la nature.

Pourquoi la nature n'a-t-elle pas donné à tous les hommes les mêmes capacités?

C'est parce que les capacités ne sont dues qu'aux hommes intelligents, lesquels la Providence protège, pour remplir la mission que la nature leur a donnée.

Les hommes destinés à remplir une grande mission sur la terre doivent-ils craindre les périls?

Les hommes destinés à remplir une grande mission sur la terre, aucun danger ne les effraie; le feu dans les combats, les souffrances, les peines, ne sont pour eux qu'un chemin marécageux à traverser.

Pourquoi les grands hommes n'ont–ils pas de craintes dans les périls?

Les grands hommes n'ont pas de craintes parce qu'ils ne tiennent pas à la vie; ils ne possèdent que le désir d'accomplir la mission qui leur est destinée sur la terre.

Quelles sont les maximes de la religion républicaine?

Les maximes de la religion républicaine, c'est l'égalité, le désintéressement; l'humanité conduit au chemin de la délicatesse et de la vertu.

CHAPITRE II.

DE JÉSUS-CHRIST.

Pourquoi Jésus-Christ a-t-il existé?

Jésus-Christ a existé pour répandre les premières maximes de civilisation dans le monde.

Les maximes de Jésus-Christ furent-elles convenables à tous les peuples du monde?

Les maximes de Jésus-Christ furent convenables aux peuples humains et au mérite des hommes immortalisés dans la vertu.

Pourquoi Jésus-Christ se rendit-il victime de son existence?

Jésus-Christ se rendit victime de son existence pour donner exemple aux hommes vertueux.

Pourquoi que tous les hommes ne sont pas vertueux ?

Les hommes ne sont pas vertueux, parce que le monde est nouveau ; les syndicateurs de la vertu sont rares.

Si les premiers succédants de Jésus-Christ avaient reproduit ses maximes, il y aurait des siècles que les peuples seraient civilisés.

Pourquoi que les peuples ne sont pas civilisés ?

Les peuples ne sont pas civilisés parce qu'il y a toujours eu de l'ambition ignorante.

Qu'est-ce que l'ambition ignorante ?

L'ambition ignorante n'est qu'une honteuse domination sur les peuples esclaves.

Qu'entendez-vous par peuples esclaves ?

J'entends par peuples esclaves, non-seulement les noirs, mais les populations européennes : par les lois de la honte, ils sont esclaves.

Quelle différence faites-vous de la liberté des noirs à la liberté des blancs ?

La différence qu'il y a de la liberté des noirs à la liberté des blancs : les noirs travaillent sans réception, et le blanc travaille nuit et jour pour payer leur existence.

CHAPITRE III.

DES PEUPLES.

Qu'est-ce que c'est que les peuples?

Le peuple, ce sont les êtres favorisés par la nature, préférés à toute espèce de nature, dont nous recevons l'éclaircissement pour dominer sur toute espèce de nature.

Pourquoi que les hommes ont été avantagés par la connaissance?

Les hommes ont été avantagés par la connaissance parce que l'homme est l'être le plus agile; il peut prévoir à l'existence de toute espèce de nature.

Tous les hommes remplissent-ils leurs devoirs?

Jusqu'à ce jour la majorité des hommes serait indigne de vivre s'ils s'étaient interrogés par la justice humaine.

Que renferme la justice humaine?

La justice humaine est l'extinction de capacité que possède chaque esprit.

Les esprits qui ne possèdent pas de capacités sont-ils dignes de vivre?

Les esprits qui sont privés de capacités doivent employer toutes les ressources qu'ils possèdent, jusqu'au dernier ressort de leurs pouvoirs pour se faire reconnaître dignes de vivre sous les lumières de la vertu.

Qu'est-ce que c'est que la vertu?

La vertu est le guide de l'existence, qui fait le bonheur de la vie et rend la conscience pure à sa dernière heure, un sourire à la vertu.

Les hommes qui possèdent des capacités en naissant sont-ils plus dignes de vivre que ceux qui n'en possèdent pas?

Les hommes qui possèdent des capacités en naissant doivent se distinguer dès le premier âge, en travaillant à la prospérité et au bonheur de l'existence des peuples, et les hommes qui travaillent contre l'humanité ou veulent arrêter le cours de la prospérité ne sont pas dignes de vivre.

CHAPITRE IV.

LES PEUPLES CHERCHENT A CONNAITRE.

Pourquoi les peuples cherchent-ils à connaître?

Les peuples cherchent à connaître; ce sont les frères ignorantins qni désirent à être civilisés. Mais les peuples qui possèdent le maintien d'être civilisés dédaignent du mot de civilisation.

Pourquoi une classe ne désire pas que les peuples soient civilisés?

La classe qui ne désire pas que les peuples

soient civilisés, c'est la classe qui craint de remplir ses devoirs sur la terre.

Pourquoi cette classe craint-elle de remplir son devoir sur la terre?

Cette classe ne remplit pas son devoir sur la terre, parce que l'or, qui domine son esprit, lui donne une supériorité auprès des justes.

Qu'entendez-vous par le mot *des justes*?

J'entends par le mot des justes qu'il n'y a que par les capacités que les peuples doivent se reconnaître au-dessus de leurs frères.

Pourquoi se croient-ils au-dessus de leurs frères?

Parce qu'ils n'ont que la fortune pour toute capacité; lorsque la fortune les fuit, ils viennent se rendre sous le voile des justes.

Pourquoi que tous les peuples ne sont pas justes?

Les peuples ne seront justes que lorsqu'il n'y aura plus de fortune, et la fortune sera remplacée par les arts.

Les arts ne sont-ils pas reconnus pour infortune?

Les hommes de fortune dédaignent de reconnaître les hommes d'arts, parce que les hommes de fortune sont abaissés par les hommes d'arts.

Les hommes de fortune ne domineront pas toujours?

Les hommes de fortune ne domineront pas toujours, parce que c'est un pouvoir contre la nature de tout temps; les hommes dévoués aux grandeurs furent engloutis dans les cachots.

Croyent-ils engloutir les derniers?

Jamais ils n'y resteront; lorsqu'ils croient tenir le dernier, un suivant s'élève.

CHAPITRE V.

DES RÉPARATIONS DE L'HONNEUR.

Que devons-nous faire pour l'honneur de nos descendants?

Nous devons pour l'honneur de nos descendants sacrifier toutes nos connaissances et nos pouvoirs d'opulence; si nous nous aimons, chérissons l'honneur comme nous chérissons notre bonheur.

Pouvons-nous être plus civilisés?

Jusqu'à ce jour, nous avons été privés des lois de civilisation; l'homme qui doit indiquer ces lois, qu'il s'éveille.

Devons-nous désirer d'être civilisés?

Oui! Le temps est venu pour prendre connaissance des lois de la civilisation, lorsque des hommes sortant des rangs du peuple viennent surpasser nos plus hautes pensées.

Quels sont les principes de la civilisation?

Les principes de la civilisation sont de vivre tous égaux ; nous ne devons pas nous croire au-dessus des classes ouvrières lorsque c'est la même lumière qui nous éclaire.

Pourquoi que la lumière universelle ne fait de distinction ?

La lumière universelle reconnaît à chaque printemps tout genre de production ; imitons donc les principes de la nature, ce sera nous honorer et nos descendants nous imiteront.

De quel genre provient la plus grande incivilité?

La plus grande incivilité provient du genre féminin, aux dames des salons; guérisons les plaies de l'incivilité à chaque soir sous les étoiles : nous sommes au rang de l'incivilité.

Pourquoi qu'une partie du genre féminin est incivile?

Cette partie est incivile parce qu'elle est sans ressources, ne possédant aucun moyen d'existence aux âmes fortunées; accourez donc répandre les bénédictions de l'humanité.

Quelles sont les bénédictions de l'humanité?

Les bénédictions de l'humanité c'est de procurer l'existence aux orphelins de la fortune; gens de fortune accourez imiter les principes de la civilisation.

Dans l'avenir vos descendants, vous imiteront.

CHAPITRE VI.

DE LA VIEILLESSE HONORABLE.

Qu'est-ce que la vieillesse honorable?

La vieillesse honorable est le signe le plus pur de la vérité, à qui la providence sert de guide pour que les générations deviennent un jour s'unirent sous le voile de l'honneur.

Qu'entendez-vous par les générations honorables?

J'entends par les générations honorables, que la providence les protègent, les hommes de pureté, pour répandre les principes d'une sage existence sur la terre.

Qu'entendez-vous par une existence sur la terre?

J'entends, par une sage existence sur la terre, que les peuples deviennent, par l'humanité, s'unir à la véritable religion.

Qu'est-ce que c'est que la véritable religion?

La véritable religion est de vivre tous égaux. Lorsque de tout temps les hommes qui ont imité la vraie religion furent reconnus pour des hommes de vertu.

Pourquoi les hommes ne pratiquent pas la vraie religion?

La vraie religion n'est pas ¡pratiquée, parce qu'elle déplaît à la classe qui possède les pouvoirs; en pratiquant la religion humaine, la classe des pouvoirs se verrait sous l'étoile de la honte.

Les devoirs de la vraie religion sont-ils pratiqués?

Non; les devoirs de la religion humaine sont méconnus, lorsque les enfants aspirent après la mort des pères et mères, espérant, pour s'en emparer de leur fortune, pour pouvoir exister, et ceux qui n'ont pas de prétentions sont obligés d'être soumis à la mendicité.

Pourquoi les religions n'ont pas les mêmes maximes?

Les religions n'ont pas les mêmes maximes, parce que ce sont des religions idolâtres, n'enseignant pas les maximes de la religion humaine. Voilà donc les preuves que les religions pratiquées ce n'est que l'idolâtrie, et non le bonheur des peuples de tout pays.

ACTE DE FOI.

Je crois d'une ferme résolution que la Providence protègera les hommes dévoués à la prospérité pour enseigner les maximes de la vertu.

ACTE D'ESPÉRANCE.

J'espère que dans l'avenir les désirances des

cœurs humains se réaliseront par l'accomplisse-
ment des peuples unis de toutes les natio..s.

ACTE DE CHARITÉ.

Rendons-nous service en tous nos besoins,
n'envions pas le sort de la fortune honteuse, ré-
pandons partout le monde les principes de la fortune honnète. Nous aurons toujours le cœur sous
le voile du bonheur.

ACTE DE CONTRITION.

Soyons avec un grand regret d'avoir vécu dans
l'incivilité jusqu'à ce jour. Faisons une ferme résolution de ne plus désirer à vivre dans l'incivilité,
accourons au plus vite aux enseignements de la
civilisation, c'est là où nous trouverons le bonheur
au rang des peuples unis.

Recevez avec le plus profond respect le dévoû-
ment d'un cœur humain d'avoir sacrifié sa jeu-
nesse pour trouver la source des capacités.

Je suis avec une ferme résolution d'accomplir
les principes de civilisation, que mes écrits feront
mention, depuis ce jour jusqu'à la fin de mon
existence.

L'appui de la vieillesse, le protecteur de la classe
ouvrière, vivez dans l'espérance. Il repose en moi
les grands ressorts de procurer l'existence à tout
le monde.

Dans la vertu profonde
Je conduis le monde.
Au peuple de nationalité,
Dans l'avenir vous me trouverez.

CHARLES MATHIEU.

FIN.

Imp. de Henri et Charles Noblet, rue Gît-le-Cœur, 8.